JN410607

아리아

달팽이더듬이의 노래

아리아

최 길 영 시집

세종출판사

|시인의 말|

이번에 세 번째 시집을 펴내면서
삼 세 번이란 생각을 했다
그동안 '詩' 라는 것이
어쩌면 블랙박스였고
어쩌면 계륵과 같은 것이었다.
시집의 제목을 "아리아" 로 했다
자연에서 나서
자연스럽게 살다가
자연으로 돌아가는 인생
자연이야말로 우리의 스승이며
영원한 고향이기 때문이다
비사여구로 발상난을 하고
도깨비방망이를 마구 휘두르는 시
선문답을 방불케 하는 시
복잡하고 바쁜 세상에서
머리를 싸매며 이해해야하는 시는
독자를 멀게 할 수 있다
우리들의 일상에 와 닿으면서
달팽이더듬이 같은 감성으로
동심이 살짝 비추이는 그런 시
그래서 물질문명에
피폐한 정서를 촉촉이는
진솔한 이야기를 공유하고 싶다

차례

가을 나그네

그토록 갈망하던 매미들의 연가는
부활절의 묘비명으로 잠들었나.

머무르지 않는 바람
숨찬 가슴
옷깃을 여며 봐도
여지없이 파고드는 이 침잠, 고독,
저 나목은 알까
못내 아쉬워 색색의 치장으로
손수건 흔들며 몸부림친 저 심사를

이정표의 그림자는 해 뜨는 곳
죽마고우 고샅길 아득도 한데
터벅이는 이 발길은 노을에 젖네

익어 가느냐
죽어 가느냐
들판의 오곡백과, 풀포기, 나뭇잎
아무도 걷지 않은 내일을 밟고
가을의 일부가 되어 여기 걷노라

풍요로운 슬픔
아름다운 슬픔
너의 창백한 미소 머금고 가노라

엿장수

짤깍짤깍 엿장수 골목골목 다니며
우는아이 달래고 노는아이 울리네

간식거리가 거의 없던 어린 시절
엿판대기를 지게에 지고
손 가위를 들고선
가락에 맞춰 짤깍거리며
이 골목 저 골목을 누비던 엿장수
아이들에겐 달콤한 유혹의 우상이었다.

낡아빠진 고무신 쇠붙이 빈 병……,
고물을 들춰 가져가면
얼큰하게 취한 엿장수
마음 내키는 대로
가위뒤통수로 쳐서 엿을 떼 준다

지금은 먹거리가 넘쳐나는 시대

남루한 차림이지만
낭만과 해학을 지고 다니던 엿장수
이제와선 아득한 향수가 되어
가슴 한켠
멋들어진 노랫가락으로 남아있다

고뇌

한낮에 어둠이 어스레히 덮쳐오고
천둥번개가 치더니
소낙비가 억수같이 퍼붓는 운동장

사람들은 황급히 비를 피하는데
바지주머니에 두 손을 깊숙이 찔러 넣고
하염없이 걷는 사람아

벌써 몇 바퀴째……,

영혼의 고뇌에 육체를 잊었을까?

아, 나도 저기 저 사람처럼
소낙비 줄기줄기 뚫으며
메마른 영혼을 흠뻑 적시고 싶다

외로운 존재

타향의 허름한 여관에서
잠을 설치다가
이른아침, 거리에 나가니
술이고 밥이고
그리운 것은 다 찾아도
벽이 되어있더라

밤나무 아래 앉아 수많은 별 중 하나
뚫어져라 바라보다가
떨어진 밤송이를 까니
외톨이더라

휘황한 도심을 바라보니
저토록 넓은 땅에
높고 낮은 수많은 집
삐까뻔쩍 달리는 차량들
잘난 사람 이쁜 여자

그 중
아무것도 가진 게 없고
도량석 목탁소리
시간만 나를 죽여가더라

고욤

널따란 과수원 귀퉁이
고욤나무 한 그루
서리 맞아 곶감 되다

가뜩이나 작은 열매 다닥다닥
더군다나 씨앗 투성이

고욤열매의 씨앗 속엔
무엇이 들었을까
고욤나무가 들었다고?

콩 심은 데 콩 나고
팥 심은 데 팥 나는데
대봉 심은 데 대봉?
반시 심은 데 반시?

모든 감은 고욤으로
감 본래의 자리
감쪽같아
야성의 위대한 어머니

위대한 마라토너

쏟아져 나와 일제히 내달린다
길고 긴 마라톤
3억 중 단 한 명만 사는
치열한 경쟁
드디어 월계관을 쓴 한 인간

나는 잘 빠졌다

저기 화장실 청소 아줌마
장가 못간 9푼 노총각
지하도 계단에 엎드린 거지
사지를 비트는 뇌성마비 환자
소록도의 문드러진 손가락
그들도 월계관을 쓴 한 인간

너도 잘 빠졌다

무명에 가린 나를 내리고
너의 존재를 우러르다
우리는 모두 위대한 마라토너

이 세상

일단 아프리카의 대초원이라하자

눈 크고 귀 큰 짐승아
너는 도망가야 살고
잡히면 죽는다

날카로운 발톱, 송곳니의 짐승아
너는 잡아먹어야 살고
놓치면 죽는다

이 처참한 먹이사슬의 자연이여

포식자
피식자
죽고 살고, 살고 죽기는 마찬가지

붓다의 진리여!
이것이 정녕 법계의 성품인가요
신의 사랑이여!
당신의 뜻이 정녕 이런 것인가요

짐승보다 조금 더 진화한 동물
사람들이 사는 이 세상

초원은 푸르고 꽃이 피어
젖과 꿀이 나고
태양은 이리도 찬란히 빛나는데……,

갈바람

초등학교 운동장 모퉁이
바람이 빗질하여
낙엽을 수북이 쌓아놓았네
낙엽 밟으며 걸으니
가슴에 바람이 인다.
빨강바람
노랑바람
갈색바람
마음은 바람에 흩날린다.
어느 그리운 눈동자이던가!
순이야
경희야
기영아
어디 갔나
어디 갔나
어느 기슭 단풍 되었나!

마음 밭에서

친구 과수원에 열매가 주렁주렁
따 가라 해서 허둥지둥 따니
친구 표정이 떨떠름하고
경계가 그어진다.

아뿔싸, 친구 마음이 덜 익었다

아낌없이 주는 나무에 기대니
모든 경계가 허물어진다.
씨 뿌리고 가꾸지 않은 사람이
어찌 수확할 수 있으리오

나는 나무에게 한없이 부끄럽다

집으로 오는 길에
내 마음 밭에서 열매를 수확하여
베란다에 쏟아 부으니
아내 몰래 열매가 피식 웃는다.

미련

가쁜 숨결로 산에 올라
고사리를 꺾었네
풀숲에 숨은 고사리
요리조리 살피며 꺾었건만
왔던 길 돌아보니
고사리 또 고사리
어쩌나,
인생 뒤돌아볼 것 없댔는데
다소곳이 고개 숙여
눈길을 붙잡는
보송보송한 얼굴
나긋나긋 허리
오동통 살찐 저 고사리

시간

오는 것도 아니요
가는 것도 아니며
지금 이 순간이다

심장이 뛰고
숨을 쉬어
오온이 깨어나면

임이 오는 시간은
완행열차의 이마

가는 시간은
급행열차의 꽁무니

기다리는 시간은
초침소리

함께하는 시간은
KTX의 옆구리

헤어지는 시간은
꼽는 손가락이다.

미인에게 추파를 던지다

광안리 해변은 해무가 자오록하였다
제법 오랜 기간
그래도
광안대교의 불빛은 꺼지지 않았어.
아니,
불이 붙지도 않았는데 어떻게 꺼져?
추억일까
짝사랑일까
그랬어, 역시
다리의 눈이 깜박깜박 했던 거야
미인은 달콤해
은근슬쩍 감치다가
춘향의 그네로 날아버리는 황홀
꿈은 이루어진다?
황진이 가락에
허난설헌 가사를 붙여 그댈 부른다.

끓는다

장미꽃부리로 너의 심장을 쫀다
터져라
용광로의 쇳물처럼
오라
나의 심장으로
너와 나의 온도는 같이 끓는다

함께

양심 보드라운 사람이여!
울지 마세요
그대가 울면
나는
흐느끼며 눈물을 흘려요
웃어요
그대가 웃으면 나 또한
희열할 거예요
함께 울고 웃어요
작은 일에도
목젖이 훤하게 보이도록 웃고
목 놓아 우는
그런 우리
그대 없는 이 세상
나의 존재가 무의미하고
내가 없는 이 세상
그대 존재가 무의미한
그리하여
그대 하여금
나로 하여금
울고웃는 삶이게 하소서

깨 터는 여인

단풍도 지쳐가는 늦가을
산골짝
해바른 다랭이밭뙈기

챙이 긴 모자에 선글라스를 낀 여인
홀로 앉아
탁 탁 탁
짧은 막대로 깨를 턴다

한 번씩 칠 때마다
깨주머니에서 옹골차게 여문 깨알들
좌르르 좌르르

가을해가 깨를 볶으니
고소한 깨소금 냄새

오늘 밤엔
그녀의 안방에서도
깨가 쏟아질 것만 같아

효도관광

엄마
바다에 와봤어요?
처음이야

극장에 와봤어요?
처음이야

향수 뿌려봤어요?
처음이야

대게 먹어봤어요?
처음이야

비행기 타봤어요?
처음이야
처음이야
처음이야
·
·
·
널 낳고 처음이야

소리

굴뚝연기 번뇌에 흩날리는데
처마 끝 풍경소리 그윽하고
새들의 지저귐은 고요하여라

나무는 서로 몸을 부비고
문짝은 비틀어져 바람을 먹고
빈 깡통은 제멋대로 구른다

다만
들리는 것과 듣는 것 사이
경계가 없기를

종소리는 멀리멀리 잠이 들고
세속의 장닭이 홰를 치는데
이내 몸에 달린 귀는 벙어리

초닷새

초저녁 서쪽하늘에
달 하나
별 하나

저리도 넓은 곳에
단 둘이

저 달은
누구의 품이요
저 별은
누구의 뜻인가요

가장 슬픈 상상에 대하여

그가 현관문을 나서는 순간부터
나 홀로 있는 이 집에는
빛이 사라지고
TV는 귀머거리, 봉사가 되고
벽시계는 두번만 시각을 맞춘다

가을이 달려가고
겨울이 코앞인데
나의 계절은 언제 철이 들까

세상에서 가장 슬픈 일은
세상 끝까지 사랑하기로 맹세해놓고
지금 열렬히 사랑하고 있으면서
갑자기 한 사람을 두고
먼저 세상을 떠나버리는 것

우리는 누가 먼저일지 모른다
그가 먼저이든
내가 먼저이든
그런 날 꼭 오고야 말
지금 이 순간 간절한 시간이여

꽃부리 언어

사랑한다는 말, 글
차마 못해
장미꽃부리
하나하나 따서
하얀 종이에
하트모양으로 붙여
편지로 부쳤지요

그 사람
장미꽃
송이송이 들고
내게로 와
심장에 꽂았지요.

아드레날린처럼
찔러드는 박동

사랑은 그렇게
말과 글을 넘어
하트로 요동쳤다오.

죽장망혜 竹杖鞝鞋

주공아파트 올라가는 길가
3,000원 매물로 나온
구두 한 켤레가 불쌍타

누가 저토록 고단한 삶을 걷다가
또다시 누군가에게
가난을 걷게 하려는 것일까

저 구두의 주인공은
새 구두를 사서 신었을까
하늘고무신을 신었을까?

일그러져 쭈그린 저 노점상은
언제 번듯한 상점을 열어
주공아파트를 내려올까

아, 죽장망혜로 떠돌아도
낭만과 해학으로 비치던
그때 그 시절이면 어떠랴

새끼손가락이 아픈 연유

아내와 함께한지 어언 40여 년의 세월이 흘렀지만
"남녀칠세부동석" 이란 말이 상징하듯
유교문화의 영향을 많이 받은 우리 세대는
부부간 애정표현이 그리 자유롭지 못하다
그럼에도 우리는 비교적 개방된 생활을 했는데
그렇다고 그 문화의 틀을 완전 벗어날 수는 없었다

우리는 여행을 자주 하고 걷기를 좋아하는데
길을 걸을 때 손을 잡고 가되
아내가 내 손을 덥석 잡는 게 아니라
주로 새끼손가락 하나를 꼭꼭 잡고 걷는다

언제부터인가 새끼손가락이 아팠다

영문을 몰라 얼마간 고심하다가
아내의 새하얗고 보드라운 다섯 손가락이
그 연유임을 알았을 때 나는 사랑과 행복을 느꼈다

언제나 한결같이
다정한 친구
달콤한 연인
포근한 아내…….

복사꽃처럼 화사한 얼굴
선한 눈망울
햇살 같은 웃음으로 향기를 뿌려대는 당신은
이 세상에서 가장 고맙고 귀하고 아름다운 사람
오직 나 하나의 영원한 사랑!!

맞이하다

나는 사람과 약속을 하면
대개는 10분 정도
먼저 가서
기다리는 시간을 즐긴다

약속한 사람이 저쯤 보이면
그쪽으로 몇 발짝 걷는다

혹시 내가 늦었을 때는
기다리는 사람을 향해
몇 발짝 달려간다

사람과의 만남과 관계가
바로 삶이다

삶은
지금
여기서 이루어지며
가장 소중한 일일 수 있다

만남은 언제나 처음처럼
만난다
다시는 못 만날 사람처럼

무지개

저리도 아름다운 게 왜 반쪽이야
반쪽은 땅에 뿌리를 박고 있네
뿌리를 뽑아 하늘에 띄워야겠어

동그라미
완성

그러면 잘 굴러갈 수 있을 거야
어릴 때 굴렸던 굴렁쇠처럼
널 돌리고 싶어

뿌리를 뽑으러 너에게로 간다
가도 가도 끝이 없어
허공만 남겨놓고 사라지고 마네

고수꽃은 피는데

사월 초파일, 부처님 오신 날
찻길도 없는 산 7부 능선의 조그만 암자
소박한 연등 몇몇 인드라망에 걸렸고
찾아온 신도래야 여남은 명
봄빛은 나무이파리에 반질반질, 바람 잠잠

"오늘 같은 날은 폼 잡고 앉았어야하는데"
손수 깔끔한 음식을 재빠르게 나르면서
평복차림 장년 여승의 환한 위트

오늘은 불치의 병으로 30여년 짊어졌던
상구보리 하화중생의 무게를 내려놓아야하는 날
신도들의 안타까움 마음에
그저 괜찮다 괜찮다
깊은 밤 법당 부처님 전에서 홀로 우실까

하산하기 전 마지막 예불을 위해
장삼을 입고 가사를 수하는 모습
사뭇 진지하고 경건하다 못해 거룩하여라

법상도 없이
더군다나 부처님 정면이 아닌 구석에서
야윈 몸에서 나오는 저주파의 독경소리

평소 목소리와는 너무나도 달라
소름 돋도록 가슴을 파고드는 저 목소리

직접 꽃을 심고 남새를 기르던
암자의 텃밭에 고수꽃은 한창 피는데
스님의 한소식은 노을에 스러지는 걸까?

낙원

창밖엔 겨울이 꽁꽁 얼고 있는데
머나먼 창공을 거침없이 달려
창으로 들어오는 햇살은
유난히 밝고 따뜻하다

티비에선 시시비비가 들끓어
온갖 오물을 토해내고 있지만
나는 햇살의 품에 안겨
마치 자동차시동을 끄듯 잠든다

거칠고 험한 세상과 부대끼며
얼마나 달렸던가
그 중심에 섰던 나는야 7080 세대
그리고 어디쯤 왔을까

이젠 세상사와 멀찍이 비켜서서
자유와 평화를 바탕으로 하는
삶의 본질적 가치
행복이 머무는 낙원이고 싶어라

아리아

나는 지극히 통속하여
지렁이 굼벵이 노니는 텃밭 뿌리에서
배고프면 밥 먹고
잠 오면 자다가 진통으로 피었거늘
누구는 칠보단장의 궁에서
씨 없이 피어난 전설적 꽃이더냐

우리는 어차피
생자필멸이란 대자연의 그물 속 포로
회자는 정리요
제행은 무상이로다!

이 순간
과거와 미래로부터 자유로울 수 있다면
더 많은 행복의 조건은 필요치 않는
이 명징할 결말.

내 마음의 씨앗에 물을 주노라

나의 노래는
논픽션 위에서 보슬대다
가끔씩 픽션으로 미끄러지는 아리아

침묵에 대하여

흔히들 침묵을 금이라고 말하지

“아는 사람은 말하지 아니하고
말하는 사람은 알지 못한다?”

콜라 맛을 필설로 정확히 설하기란
불가능한 일일 터
그래서 붓다는
저 유명한 염화미소를 보이심일까

하지만 컴퓨터의 하드디스크와 소프트웨어가
아무리 성능이 좋다 할지라도
모니터가 없으면 쓸모없는 것

정성어린 말 한마디에 천 냥 빚을 갚고
따스한 말 한마디가 자살을 막고
험악한 말 한마디가 비수가 된다.

언필의 존재이유를 생각하자

침묵은 금일 수도 있겠으나
현실세계에선 자칫 돌일 수 있다

무의미한 흑백의 논리를 떠나
말과 글
어떻게 사용하느냐가 문제일 뿐!

봄꽃

야트막한 동산에 봄꽃이 피네
여기 저기
이 꽃 저 꽃

탕,
출발선에서 일제히 다투어 피네

피기는 한다마는
화무십일홍이라
흐드러지고
흩어진 꽃길 걸으며

시작 詩作 노트에다
화창한 봄이라 적고
탄생과 죽음이라 읽으며
기쁨과 슬픔으로 느끼네

네 앞에만 서면

맨손으로 호랑이를 때려잡고
곤룡포 자락을 휘둘렀다 해도
네 앞에만 서면
숨이 가파르고
가슴이 안절부절
시장에 팔려나온 수탉이네

세상제일의 향수를 뿌리고
아무리 화려하고
비싼 옷으로 치장을 했다 해도
네 앞에만 시면
악취가 되고
꽁지 빠진 공작새 신세이네

네가 아름다운 이유를
말과 글로서 하지 못하네

구태여 말하자면
꽃은 꽃이기 때문이요
꽃의 마음을 가진 당신이네

필름

숨바꼭질을 하는 영상의 필름이
아슬아슬하게 돌아갑니다
암실에서 현상되어야만 하는 영상은
빛을 갈망하지만
빛을 보면 타버리고 마는 것이기에
태양의 눈이 시퍼렇습니다
갈망하는 것이 있기에
희망이 설레는 것이기도 하여
빛이 마냥 두렵지만은 않습니다
나 자신은 로맨틱한 창으로
도덕과 윤리로 무장한 방패를
사정없이 뚫어버릴 수 있지만
해는 벌써 기울어
남녀의 구별이 없어지는
육체의 지경에 이르고 있으니
방패를 창으로 뚫는 건
낙조를 구름으로 가리는 것이라면 궤변일까요
어느 예술가가 이렇게 말했다죠
"내가 성으로부터 자유로워졌을 때
진정 예술을 알았다." 라고
이 세상이 법의 테두리 안에서
허용하는 일들만 일어나고
그것만으로 예술이 된다면

별빛이 모두 까맣게 보일 것이니
픽션과 논픽션에 날개를 달 일이다
오늘 나는 자연 속에서
필름이 감긴 영사기를 들고
시퍼런 태양의 눈을 태워버립니다

그대는 피에로

조그만 일에도 잘 웃던 그녀
어느 꽃피는 봄날
청천벽력
소리 내어 울지도 못하고
쓸개 빠진 사람처럼 웃다가
벙어리처럼 울어버린 사람
운명의 한복판에 섰던 그녀
여린 가슴을 꿰뚫고
흔적도 없이 사라져간 하얀 피
폭풍우가 휘몰아친 하늘은
미치도록 맑고 고요하고
꽃을 피웠다 떨군 대지는
아무 일도 없었다는 듯
푸름으로 가득 차버렸구나
아, 세상은 바람 불고 슬퍼
이 외롭고 참담한 심경
그 누가 대신하랴
약동의 봄을
처절한 상실의 가을로 보낸
짧고도 긴 나날
세상이여 말하라
너를 쫓아가는
이 마음이 어떠한 것인가를

가슴에 묻은 눈동자
뼛속에 사무친 이름
더는 내려놓을 수 없는 빈 손
그대는
하얗게 비어버린 뇌리에
새빨간 립스틱을 바른 피에로

뉴스 news

무궁화꽃이 피었습니다
이번이 처음입니다
헌법 제 1조1항의 나라
민주주의가 제1의 가치?
청태 낀 집은 거대한 복마전?
입 비뚤어진 나팔수들이
일제히 혀를 쏘아대니
촛불엔 그을음이 일고
태극기는 찌들었으며
금배지는 녹슬었고
칼날은 휘어져버렸으며
저울추는 이현령비현령
드디어
조국과 결혼한 웨딩드레스는
갈가리 찢기우고
머리핀을 풀어 헤치니
사냥은 차마 죽었습니다
이번이 처음입니다
무궁화 꽃은 졌습니다.

파도야

파도야, 파도야
너는 애달프라
왔다간 부서져서
돌아서 가고
또다시 와서
부서지고 부서지고
언제부터 그랬고
언제까지 그럴 건가
네 가슴 희다만
그토록 부서지니
바다는 온통 밍빛
눈물 울어 짜구나
바닷가에서
기다리는 심사는
애달프라
파도야, 파도야
차라리
쓰나미가 되어라

짝사랑

어쩌면 이리도 이쁠까
보고 또 봐도
또 보고 싶어 너를 찾아간다

아무리 가고 가서 사랑한다 말해도
한 마디 대꾸 없이
햇살에 웃고
바람에 춤추는 너
덧없는 세상사 잊고 천진난만하구나

널 사랑할 수 있는 건
네 하는 모습을 따라 할 수밖에

널 보고 웃는다
널 보고 춤춘다

널 너무나 사랑하여
네 의사와 관계없이
너만 보면 난 늘 행복하다

찾아오지 않는 너지만
너는 내게 언제까지나 길이다

불두화 佛頭花 앞에서

꽃의 이름부터 범상치 않구나.
네 앞에 서니 한없이 작아지는 나
오직 모를 뿐
시공과 두두 물물의 이치여
거룩한 깨달음에 경외하며
고요히 합장하고 고개 숙인다.

무슨 인연으로 절에 피었을까
세상은 한 송이 꽃
붓다의 머리모양을 닮아 붙은 이름이라지만
제상은 비상 諸相非相이라

가지 끝에 커다란 꽃송이
둥글둥글 아래로 늘어뜨리고
세상 사람들에게 이르네,
놓아버려라

스님의 독경소리
법신의 풍경소리
자등명 법등명 가르침에
씨앗마저 맺지 않으니
적멸의 향기 피우고
윤회의 고리를 완전 끊었어라

여보, 신발에 발이 안 들어가

산행 당일 봉정암까지는 턱밑의 가파른 숨으로도
아내와 도란거리며 그런대로 걸었다
봉정암 숙소에서의 잠,
구월이지만 싸늘히 높은 달빛이슬을 피해
오소리 굴 같은 방 안에 사람들이 빽빽
거기다가 등산꾼들의 발 냄새
스컹크의 그것보다 못하지 않다
누워 잠을 자기는커녕 앉아 발 뻗을 공간조차도 없다
쪼그리고 앉아 밤을 지새울 수밖에
동이 트려면 한참 이른 시각
봉정암에서 주는 미역국에 밥 한 덩이 말아먹고
주먹밥 하나씩 받아 대청봉으로 출발
찬바람이 세차게 불어 숨을 막으니
고개 숙여 가드레일을 잡고 한 발 두 발
발밑 초롱꽃이 불을 밝히는 데로 전진 또 전진
구월에 장갑 낀 손이 시리니 해발을 알 것 같아
아내는 저만치 앞서 가는데 같이 가자 불러도 들은 척 만 척
뒤도 안 돌아보고 달아난다
여성은 결정적 순간엔 남성보다 강하다?
하산 길
꾸불꾸불 천불동계곡은 가도 가도 끝이 없다
기진맥진

주위의 기암괴석을 바라보니 어지럽다
금강산도 식후경이란 말이 실감
둘은 신발을 벗고서는 퍼질러 쉬는 참
갈 길은 멀고 날은 저물어간다
아내가 먼저 일어서서 가자고 재촉하는데
웬일인지 신발이 신어지지 않는다
"여보, 신발에 발이 안 들어가"
아내는 왜 발이 안 들어가냐며 어서가자 성환데
나는 아무리 신을 신으려 낑낑대도 안 된다
한참을 그러다가 아내의 발을 보니
신고 있는 신발크기가 배만하다
순간, 누가 먼저라고 할 것도 없이 폭소 또 폭소
빨건 얼굴에 눈물 콧물 범벅
고통이 있었던 만큼 따르는 희열이라지만
고통과 희열의 경계가 모호하다
아무튼
세상에 태어나 그렇게 파안대소하기는 처음이다

초등학교동창생에 대한 단상

시골의 늦가을 햇볕이 한낮 내내 시공을 내달려
둔치의 너럭바위를 따습게 데워놓으면
소년은 달빛 손에 이끌려 바위에 간다

등짝에 스미는 소슬바람을 바위체온에 누인 소년,
눈에서 총총별이 꿈꾼다.

풀벌레의 합창이 잦아들고
귀뚜라미소리가 깊어지면
반딧불이가 뭉쳐 빙글빙글 맴돌아
도깨비불처럼 번쩍일 때 소년은 바위에서 일어나

"내일은 철수와 공차기를 하고,
모레는 영희와 숨바꼭질해야지"

초가삼간은 적막에 휩싸였다

그 후, 세월은 정신없이 흘렀고
어른이 된 지금 동창회에서
빛나는 졸업장을 받은 초등동창생들을 만나면
그들은 모습도 그때가 아니거니와
마음은 더욱 아니어라

만날 때마다 깊숙한 이야기는 들어가지도 못하고
그 시절 그 굴레에 갇혀
마치 고장 난 레코드판이 자꾸 도는 것 같다

아, 고향산천이야 푸르고 푸르다마는
영희야 철수야 기영아
긴긴 세월 타향살이에
우리의 빛나던 졸업장은 빛을 바래고 말았구나.

자살에 대하여

어떤 사람들은 자살을
책임회피 비겁한 행위 바보 등으로 매도하지만
이는 자칫 한 인간의 존엄을 두 번 죽이는
경망스런 일일 수 있다

적어도
자신이 그 사람의 심연에 빠져보지 않았고
죽을 만큼의 고통과 고뇌를 겪어보지 않았다면
자살에 대해 함부로 말하지 말라

산자여
이유가 무엇이든 물어보자
너는 정녕 자살할 수 있겠는가?

살고 싶은 사람아
네 목에 시퍼런 칼날이 피부를 찢고
붉은 피 목줄기 타고 뜨겁게 흘러내릴 때
살려달라 살려달라 절규할 사람아

자살은
만물의 영장인 인간만이 할 수 있는
가장 차가운 결말임을 아는
가장 뜨거운 결단이 아니더냐!

자살을 일방적으로 매도하는 자여
보드라운 심장의 북소리에
눈은 멀어버리고
귀는 먹어버리고
입은 찢어져버려라
세상에서 목숨보다 더 귀한 게 어디 있다더냐
양심의 가책을 하나뿐인 목숨으로 담보하였고
자유가 아니면 죽음을 달라
외치며 사라져간
저 푸른 하늘의 고귀한 영혼을 우러르라

네가 자살한 사람보다 더 똑똑하여
지금 살아서 자살을 비하하기만 한다면
다물지어다 그 입을
그렇지 않으면 넌 짐승같은 심장일 것이려니

님이시여 님이시여, 슬프고도 괴로운 님이시여
하늘은 더없이 높푸르고
태양은 밝고 따스하게 쏟아지고
꽃 피고 새가 노래하고 나무가 춤추는 이 땅
죽음과도 바꿔야만 하는 님의 그 이유여!!

자살이여 자살이여
잠깐만!!!
자살의 이유가 무엇이든
그것만은 그것만은……,
우린 어차피 하루하루 죽어가는 사형수인 것을

님이 생각하는 자살의 그 이유가
단 한 사람이라도
님을 알고
님을 사랑하는 사람에게 극한의 슬픔이라면

생각하노라
안타깝고 기막힌 님의 사연을
부르노라
사라져간 님의 이름을 통곡, 통곡으로
님을 칭찬할 수는 없지만
님을 용서치 못할 이유와
님이 자살까지 이른 이유를 차마 알지 못하노라

어머니의 반지

처음 엄마의 손가락엔 구리반지였다
얼마간 시간이 지나
거친 손가락엔 은반지가 되었다가
할머니가 되고서야 금반지를 끼셨다
아들 며느리가 사준 거라며
동네사람들에게 자랑을 하시면서
객지나간 자식 보듯
그리움과 외로움을 함께한 금반지
세월은 흐르고 흘러
동네 어른들은 모두 떠나고
친구들마저 하나 둘 떠나는 지금
이젠 구순의 어머니가 마을에서 제일 큰 어른
얼마 전 텃밭에서 일을 하시다가
그만 금반지를 잃어버리셨다
손가락이 헐거워져 빠져버렸으니
자식을 잃은 듯 몹시 서운해 하셨다
다시 사 드린대도 마다하시고……,
“세월이 아무리 가고 또 가도
금반지
너만은 변치 않았는데
이젠 너마저 내 곁을 떠나가는구나”

봄비 내리는 날

가녀린 봄비가 내리는 날이면
아가야 잇몸에서 이가 돋듯
몸이 간질거리고

대지의 초목들은
꽃눈 잎눈이 빨리 터져라 터져라
젖을 못 먹어 안달이다

촉촉이 젖은 눈동자엔
희뿌연 안개가 환상을 그리며
침잠한 꽃샘추위를 헤집고

꽃가지 두어 송이 벌더니
삽시간에 덮어버리는
온 천지, 꽃 잔치 초록 잔치

뚫어지는 그리움의 방패
꽃을 찌르는 꿀의 비수
봄바라기에 봄비가 흩날린다

삘기꽃 무덤

굳이 누구의 무덤인지
알아서 무엇 하리
너나
나나
저러할 것을
한숨처럼 꺼져버린 봉분
그 자리
삘기꽃 흐드러졌네
이 몸
백년 살기 어렵고
무덤조차
백년흔적 희미하여라
천년만년 살 것 같이
아등바등 사람들아
바람이 백발을 날리듯
무덤 위 삘기꽃
덧없이 일렁이는구나

언덕 위에 올라

탁 트인 시야 따라 바라본다
손바닥 차양을 가리우고
헝클어진 머리카락
손가락으로 빗질을 하며

길은 손금처럼 나 있고
그 길은
당신과 내가 더불어 가야 할
운명의 길
사랑의 길
완성의 빛나는 길
수수께끼 스무고개
돌돌말린 필름처럼 풀면서 가야 할 길

길섶엔 풀 향기 풋풋하고
이름 모를 야생화
짙푸른 숲의 도가니 속
당신의 새하얀 비단살결
섬섬옥수 세편손가락
한 방울의 붉은 피로
우리의 청춘을 적셔나 볼까

초가을 빛 고운 사랑아
이정표는 없어도
가을향기 주렁주렁한 길
세상만사 함께해야 할 저 길

중도 中道

어떤 길을 걸어갈 것인가

가운뎃길이 중도라면
바른 길로만 갈 것인가

아님
오른쪽 길로 갈 것인가
왼쪽 길로 갈 것인가

이쪽 길도 저쪽 길도 아닌

외줄타기를 하는
피에로의 손에 들린
조그마한 부채 한 자루

분장을 하고
상모를 휘돌리며
허공을 휘젓는 부채

그 부챗길로 걸어서 가리

아버지

죽지 않는 사람 있겠냐만
이 땅의 아버지는 "先親"
가장 슬픈 언어이고
빛바랜 흑백사진이다

영정 속 아버지는
더 이상 나이를 먹지 않아
내 나이 선친을 넘으면
그때, 비로소 난 아버지가 된다

아버지는 연탄재이고
아궁이의 장작이지만
아프리카초원의 수컷이고
울타리 밖의 바람이다

아버지는 깊은 우물이고 침묵이며
모니터 없는 컴퓨터이다
말이 아닌 마음으로
"아부지" 라고 부른다

아버지는 어머니와 달리
한참 모아놓았다가
한꺼번에 터지는 눈물이다

흔적

지구별의 시공이 켜켜이 쌓여있는
고성 바닷가 층층단애부두
먼먼 옛날
역사의 단면을 걸어간 공룡발자국
생생한 흔적을 남기고
억만년의 긴긴 세월동안
단 한 번
다시 오지 않고 어디로 갔을까
그들은 무슨 얘기 주고받았을까
발자국 따라 걸으며
우리도 다시는 오지 못할
아득한 시공 속으로 가고 있다
억만년 뒤 우리는 어디 있을 것이며
어떤 흔적으로 남을까
희로애락 시시비비가
붉은 화로 속 한 점 눈이로다.
크고 작게
나란히 나란히 새긴 상형문자
파도만 하염없이 밀려왔다가
알음알이 깨어져 돌아가고 마네

꽃이 쓴 편지

가을햇살 따사고
바람 쓸쓸한 날
꽃이 핍니다

햇살은 고요히
꽃잎을 데우고
바람은 살랑
향기를 흔듭니다

꽃잎편지지에
향기를 담아
바람을 부칩니다

꽃편지를 받고
오지않는 사람은
바람이 아닙니다

백두옹심사 白頭翁心思

할아버지 묘 옆에 가묘하나
백발 할머니가 지팡이 짚고
가묘 앞에 앉았네.

무슨 말을 할까 주저하다
긴 한숨 끝자락
백두옹 한 송이를 보았네.

아, 그래그래 그렇고말고.

자줏빛으로 도는 피
하얗게 마르면
얇고 긴 추억의 면사포를 휘감아
봉두난발을 하고

임 가신 곳에 데려다 줄
샛바람 기다리며
홀로 선 백두옹의 저 심사

비단 알맹이 다 내어주고
사랑과 희생이 연소하는
거룩한 껍데기의 불꽃놀이

이승에서의 마지막
작별의 세리머니
장렬하고 쓸쓸한 퍼포먼스

할미꽃

마음자리

허물어진 성이라 할지라도
그 안의 꽃에
향기가 없다면
나는 결코
그 성을 함락하지 못하였네

새를 잡아
새장에 가두었다 할지라도
그 새가 울지 않는다면
나는 결코
그 새를 갖지 못하였네

산을 오르고 올라
더 오를 곳이 없다 할지라도
그 산에 메아리가 없다면
나는 결코
그 산을 정복하지 못하였네

비록
천년의 물방울이 떨어져
바위를 뚫었다 할지라도
샘이 없다면
나는 결코
그 사랑을 이루지 못하였네

완전한 하나

아침에 일어나 세수하다가 문득
하나 더하기 하나는 둘이 아님을 알았네
한 손에 담기는 물의 양이
두 손에 담기는 물의 양의 반이 아님을 알았네

그것이 손이 아닌
사랑하는 사람 둘이라면 어떨까

너 하나
나 하나
두 사람

서로 어느 사람이든 간에 하나의 사람은
반만이 아니고 전부일 수 있다는 것을

너와 내가 두 손을 맞잡고 바라보노라 두 눈을
네 속에 내가 있고
내 속에 네가 있어

난 네가 전부이고
넌 내가 전부이기를
그래서 완전한 하나이기를

소리 없는 통곡

꽃 피고 새싹 돋는 고요한 야산 골짜기
묘지가 드문드문
어느 여인의 슬피 우는 소리
귀 기울이니
엄마를 부르는 소리
나는 나물 캐던 손을 멈추고
손수건을 적셨네
그 여인이 누구이며
어떤 사연으로 우는지는 알바 아니었네
원명사 법당 앞 사월초파일 등이 붉고
간간이 들려오는 법문소리
인생은 고해요
제행은 무상이라 하건만
자식이 엄마를 부르는 소리
저리도 애잔한데
내 마음에 들리는 소리 없는 통곡,
엄마가 무남독녀를 부르는 소리
동백꽃처럼 떨어져간 그 따님
그 엄마의 찢어져 흩어진 조그만 가슴
다시는 꽃 피울 수 없는 봄
흩어진 꽃잎 주워
밤마다 목에 꽃을 꿰는 그 여인
목에서 피가 솟아도

두견새처럼 숨어 울어야할 통곡이여
하늘이여
땅이여
그래도 해 뜨고 꽃 피는 이 잔인함이여

알쏭달쏭

닭이 먼저냐 알이 먼저냐
알이 먼저냐 닭이 먼저냐
알쏭달쏭 달쏭알쏭

김알지, 박혁거세의 명제를 논한다
신화神話냐
설화說話냐
진화進化냐

신神께 여쭤볼까
法身께 여쭤볼까
옛날 옛날로 거슬러 올라볼까

아, 몰라 몰라

꿩 먹고 알 먹고 알 먹고 닭 먹고,
먹고 싶다
미치도록 먹고 싶다

아, 달이 해를 먹고
해가 달을 먹는구나
피식 웃고서
동그라미 하나 그려낸다

괜찮아요

종소리에 금이 가는 것은
가릉빈가의 열창이요
십자가에 불이 붙는 것은
천사의 눈빛이려니
괜찮아요

질척이는 세상이지만
비온 뒤에 땅이 굳고
낙화가 울어도
꽃자리에 열매가 맺으니
괜찮아요

새끼오리가 절벽을 뛰어내리는 것은
물갈퀴의 부름이요
강을 거스르는 연어는
생명의 바퀴이니
괜찮아요

해와 달이 쉬지 않고
달려가는 것은
우리가 이 지구별에
무임승차했기 때문이니
괜찮아요

오월의 교향시 交響詩

햇빛이 풀어놓은 짙푸른 배경에
봄바람꼬리가 휘저으니
붓꽃은 허공에다
오월의 교향시를 일필휘지一筆揮之

꽃들의 춤사위는 하늘하늘
나뭇가지는 끄덕끄덕
조그만 산새는 재잘재잘
뻐꾸기 제 세상인양 바쁘고
여인들 치맛자락 아찔아찔

라라라라
룰루랄라
깊어가는 봄 봄

두견새 구슬픈 곡조에
꿩들의 연가는 숨바꼭질을 하고
이별의 꽃자리엔
조롱조롱 커가는 열매
희비를 연출하는 오월 어느 날

붓꽃

조류독감과 삼계탕

전국을 휩쓸다시피 한 전염병에
죽느냐 사느냐
간을 졸이다가
겨우 피해 한숨 놓나 했더니

복날이라

그것도
초복
중복
말복

갈수록 태산이구나.

니들은 덥냐
난 춥다 못해 소름이 돋는다

이왕에 죽을 목숨이니
산채로 묻혀 죽느니보다
벼슬을 세워 죽는다
네 입과 혀에 훈장이 되어다오

책의 무게

인쇄소에서 가져다준
책 꾸러미를 들다가
문득
책의 무게를 느꼈다
돌이 무거운 건 알지만
책이 이렇게 무거운 줄은 미처 몰랐다
돌덩이 내 머리를
이제야 알게 되었다
황금의 무게에 짓눌려버린 세상
옷도 폰도 몸무게도
가벼운 게 좋은 시대
누가 무거운 이 시집을
들려고 할 것인가
읽으려고 할 것인가
골이 빈 내 머리처럼

우리엄마 사랑법

기름을 '지름' 이라 하시고
셈은 손가락으로 하시며
三從之道가 우물이신 엄마

며느리가 큰 병이 들어 아프다 하면
며느리 걱정은커녕
되레 왜 아프냐고 성화
심지어 며느리가 죽었을 때
정작 며느리의 죽음보다
며느리를 붙잡고 미어지는 아들을 보고 뜨겁게 우셨으니

아들은 송곳니
며느리는 며느리발톱?
도덕과 윤리
이성과 본성은 어디에………,
그런 엄마에게
무슨 사회적 잣대를 댈 것인가!!

나는 괜찮다 괜찮다
92 평생 아들고슴도치
그렇게 5남3여를 낳고 기르셨건만
지금 그 엄마 곁엔
아들이고잡놈이고 간에 아무도 없고
요양보호사만 남아있다

하이힐소리

새벽잠결에 새소리가 들린다
깨어나 귀 기울이니
단 한 마리
작은 새
아름다운 목청으로
단순반복의 소리가 아니고
음정 박자
고저장단에다
리듬까지
완벽한 선율
그 어떤 악기나 성악가라할지라도
도저히 흉내 낼 수 없는
복잡하고 미묘한 소리이다
너의 가사는 알 수 없지만
노래 하느냐
울고 있느냐
누굴 부르느냐
시의 치마에
미니스커트를 입히고
상상은 미지의 세계로 나아간다
파랑새의 노래일까
피앙세의 사연일까
대천사의 환청일까

새벽은 새파랗게 일어나고
계절 따라
그 계절의 꽃이 피고
열매 맺어
지구는 둥글게 돌고 도는데
쭈볏쭈볏 걸어가는 하이힐소리

낚시광

검푸른 망망대해 바위섬
낚싯대만 담그면
금세
물고기가 줄줄이
올라올 것만 같은 곳

기대가 크면
실망도 크다

쪽잠을 자면서까지
계륵 계륵
그깟
물고기가 뭐 길래
벼랑 끝 목숨을 걸어

11월에 웬 모기떼
서너 겹 껴입은 옷에도
사정거리 뻥뻥

피 한 종지 빼서 줄 테니
화해하자고 해도
따끈따끈한 게
더 맛이 있다나?

사방이 훤하여
일어나 둘러보니
해가 두 개인지
달이 두 개인지
하여튼
동에 하나 서에 하나

백일홍 레시피

화무십일홍 이랬는데
어찌하여 그 이름
백일홍이더냐

뙤약볕도 아랑곳 않고
진분홍 꽃부리
가지런히 모아

백날을 한결같이
진분홍쟁반 위에
꽃가루 버무려 둔덕지우고
쬐그만 꽃들로 고명

아기자기 자기아기
노니는 속사랑
아, 가엾은 양귀비꽃

무제

가을 하늘은 스펙터클 스크린
파아란 캔버스에
하아얀 물감으로
바람은 갖가지 그림을 연출하며
어디론가 자꾸만 몰고 간다
해가 뉘엿뉘엿하면
총천연색 물감으로 칠을 하고
초승달이 잠시 웃다 간 자리
수많은 별들이
봄, 여름의 사연을 반추하면
풀벌레의 연가는 비가가 되고
유성들이
골키퍼 없는 경기장에서
심판의 저울을 꿰뚫으며
이리저리 빗금을 긋는 밤이다

그런 여자와 살고 싶다

다가오는 여자보다
달아나는 여자가 아름답다?
달아나다
발병나는 여자와 살고 싶다
파랑새는
날개에 바람을 싣고
피앙세는
둥지를 틀어 사랑을 낳고
평안과 안식의 요람이더라
파랑새는 철새
피앙세는 텃새?
파랑새는 허공을 쫓게 하고
피앙세는 봉선화,
다가올 줄도 모르고
달아날 줄도 모르는 꽃
초가 흙담 아래
뽀얗게 먼지를 덮어쓰고
사립문 바라보는
그런 여자와 살고 싶다

그리움

우리는 코스모스 흐드러진 이 길을
나란히 걸었지요
새들은 노래하고 하늘은 푸르렀지요
그 길을 오늘은 혼자 걷고 있어요
코스모스는 색색이 피었지만
하늘은 찌푸렸어요
코스모스 꽃잎을 똑똑 따서
밤마다 꾸는 꿈길
텅 빈 길 위에 그대이름 수를 놓이요
향기 풀풀 꽃잎글씨를
그대와 나의 발자국처럼 적어요
꽃잎에 바람이 불어요
향기 실은 바람이지만
꽃잎글씨는 그대 깊은 눈동자 밖으로
휑하니 날아가고 마네요
갈색의 꽃씨만
꽃잎사이에 흐느끼고 있어요
누가 저 꽃씨를 따다 뿌려줄까요
우리들 추억의 마음 밭에
이 가을과 긴 겨울을 견딘 새봄으로

과거를 묻고서

과거는 이미 도달한 끝자리
종착역에서 수의를 갈아입고
통곡이 지쳐 달아나
침묵이 들끓은 기적소리

앞으로 앞으로 나아가요
심연을 묻은 자리에
과거를 거름으로 삼아
걸음걸음 꽃을 심을 일이다

세상은 가시밭길이지만
그대는 가시나무에 피는 한 송이 꽃
발자국마다 새롭게
향기로운 꽃길을 걸어가요

행복의 길은
목표가 아닌 현재의 발길
첨탑에서 퍼지는 종소리 길
고개 숙여 두 손 모아요

뒤돌아보는 것은 오직
오늘 발자국에 인주를 묻혀
내일 또 내일
약속의 도장을 찍을 일이다

자연의 품으로

오늘도 오늘의 해가 어김없이 떴다
내가 어젯밤
이 세상에서 사라졌다 할지라도
오늘의 해가 뜬다는 것을 생각하자
화려하지는 않지만
몸을 보호할만한 옷이 있고
고기반찬은 아니라도
배고프지 않을 정도의 음식이 있으며
처마의 제비 같은 집이 있으니
아, 이 황홀한 하루여
어떻게 사용할까
어디로 떠나볼까
들녘의 모퉁이에 핀 이름 모를 풀꽃아
자연의 기쁨과 슬픔
상실과 결실의 사연을 찾아
희로애락이란 이름으로 네게 간다
봄이면 꽃이요
여름의 녹음
가을의 낙엽
겨울의 폭설인들 또 어떠랴
침묵하는 너를 이토록 사랑하여
카메라를 들고서
내 가슴 빈자리에 하염없이 박는다

풍접화 風蝶花

땀띠 끈적끈적한 한여름
살짝 지나더니
무성한 잡초 속에
긴 모가지 우뚝,
군계일학群鷄一鶴
밤이면 문을 닫는 꽃
족두리 쓰고 바람과 살랑살랑
밤을 지새워 흔들렸을까
이른 아침 매무새
단아하기만 하네.
한여름을 성숙한 열정
다 퍼붓고서
입을 꼭꼭 다물고
시치미 뚝 떼는 저 여인
한 줄기 바람 되어
네 옷자락 들쳐 볼까나

진실 세리머니

시골 할아버지가 살림밑천으로 키우던
소 서너 마리 중
송아지 한 마리
시장으로 팔려가던 날
송아지가 발버둥을 친다.

어미 소가 운다
송아지가 운다

크고 선한 눈 껌벅껌벅
음매 음매 음매
단순반복의 언어와 몸짓으로 부르는 소리
그것이 전부다

앵무새의 미사여구가 무슨 소용이랴!

아, 진실
아름답고 슬픈 이별이여!

어미 소는 그렇게 헤어진 후
식음을 전폐하고
며칠이고 대문간을 향해 또 울어댔다

실버댄스

덕순 견숙 옥수 영희 명자 순점 화연
이름만 봐도 나이를 짐작할 수 있는
주민센터 실버댄스팀

어린 시절 가난을 피부로 느끼며 컸고
험하고 거친 세파를 온몸으로 넘어
이젠 뒷방에서 손주의 재롱이 귀엽다

뼈마디 굳은 몸에 춤사위가 어색해도
신명만은 젊은이 못지않아
소녀처럼 깔깔대는 그 너머
검은 머리카락밑동에 새하얗게 드러나는 백발이 서러워라

반짝이 댄스 복을 입은 목덜미 아래로
뽀얗게 숨어 내린 속살
아직도 피는 새빨갛고 뜨거워라

칠십대 할아버지는
육십대 할머니가
그렇게 이뻐 보일 수 없다하고
육십대 아저씨는
오십대 아주머니가 그렇게 이쁜 줄
미처 몰랐다나?

거칠은 손이지만 체온을 나누고
가슴을 열어제쳐 마음을 나누며
회사원 미화원 공무원 할 것 없이
같은 곳으로 가는 인생 다 함께 차차차
리듬에 맞춰 잃어버린 청춘을 쏴라

울지 않는 새

단칼에 죽여 버린다
갖은 수단을 동원하여 울게 한다
울 때까지 기다린다

울지 않는 새에게
위 세 가지 중 무엇을 선택하겠냐고 했을 때
그는 이렇게 말했다

불쌍해서 놓아주겠다고

극한의 세파들을 무던히도 견뎌내었던 상처
그 위에 또다시
통한의 슬픔을 삼킨 운명이여!

그에게는 그것이 정답이었는지 모른다

죽느냐
사느냐

이 단 두 가지의 선택지에 올라있는 그에게
누가 그를 울게 하랴
어떻게 울게 하랴
울어 울어 목청이 찢어진 새를

목불 木佛

나무는 다리가 없어서
이리저리
다니지도 못하고
앉지도 눕지도 못해
늘 그 자리에 서서
평생을 살아야 하고
입도 없어
말 한마디 못하고
귀도 없어
세상사 듣지도 못하고
눈도 없어
보도 못하고 사는 게
중생의 눈에 무척 안타까웠는데
나무는
그렇게 그렇게 살아
꽃을 피우고
열매 맺기를 여러 해
거목이 되었다가
어느 날인가
나무꾼 도끼에 찍혀
열반에 들더니
통도사 옥련암의
목불木佛이 되셨더라

여생

모든 살아있는 존재는 반드시 멸하니
사람도 이 세상 그 누구나
태어나는 순간부터 여생을 살게 된다
단 한 번뿐인 자신의 인생을……,

젊은이건 늙은이건
잘난 사람이건 못난 사람이건
설령, 팔십 노인이라 한들
이팔청춘의 여생보다 못하지 않다
오히려 하루하루가 더 절실할 것이다

누구에게나 여생은 새로운 길이다
그 길을 꽃길만 걷고 싶겠지만
꽃길만 걸어서야 무슨 재미
차라리 공원묘지를 가로지를 일이다

젊은이들아!
늙은이를 가련히 보지 마라
늙은이여!
젊은이를 부럽게 보지 마소
아름다운인생은 오직 이 순간뿐이라

양상군자 梁上君子

아파트베란다로 보이는 보안등이
젖은 눈에 유난히 밝아라
마음속 도둑의 발이 저리다
빼앗긴 사람의 상실과 분노가
마른풀의 화염으로 다가온다
거센 바람은 언제 잦아들 것인가
아침이 오는 줄 몰랐다면
저 등불이 깜박깜박 했을까?
달아나는 꽁무니에 하이얀 연기
아득히 먼 옛날
시골 초가지붕의 늙은 호박이
가을을 알리는 순둥이였음을
심장의 두근거림으로 보드라워라
이젠 자자
이 광휘로운 햇살에서 스러지자
초로의 새벽에 젖은
양상군자의 바짓가랑이를 널자
대문을 열고 들어
헛기침 두어 번
두 다리 쭉 뻗고 불 켜고 자자

나이테

갈바람에 낙엽이 흩날리는 날
터벅터벅 길가
엊그제 베였을까
하얀 나무그루터기 하나
속을 훤히 드러내고 있다

계절이 동글동글 지나간 흔적
하나 둘 세어보니
한 참
다 세니 내 나이와 비슷

빙글빙글 어지럽다

추억을 고스란히 새긴 노트
만감이 교차하지만
유난히 떠오르는 기억 몇몇
옹이로 깊이 박혀있다

나는 지금도
나이테를 만들고 있다마는
그 폭이 점점 좁아지고 있어

꼭꼭 감추었던 일기장
언젠가 나무꾼이
톱을 들이대고 말 그날
드러나고야 말
내 삶의 희로애락의 기록이여

나그네

나그네야
나그네야
집 떠난 나그네야

가는 곳곳
머무는 곳곳
모두가 집이려니

날 저물면
구름 이불에 누워
초승달 물들이고

해 뜨면
풀 끝에 맺은 이슬
툭툭 털고서

가거라
가거라
뒤돌아보지 말고

가고 가는 길이
바로 이곳
오고 오는 길이니

별빛 나들이

산사는 거대한 태풍의 눈속 같고
아직은 따가운 초가을 해가 지니
별이 하나 둘
사람들의 눈동자에 들고 있는데

현란한 조명이 별을 지우고
풍악소리 더불어
장사익의 별빛 나들이는 막을 올린다

혼을 부르는 소리
적막 산사의 골짜기를 굽이치니
나뭇잎은 단풍들고
관중들은 물결친다.

막을 내린 후 조명이 꺼지고
약간의 시간,
침묵이 흐른 뒤 하늘이 열렸다

천지가 개벽하는 순간
별은 입추의 여지도 없이
눈동자에 별바라기로 꽂혀버렸다

바보 감나무

봄이면 이파리에 윤기가 좌르르르
무성한 여름의 열정
가을이면 색동 치마저고리

비쩍 마른 몸에 가지가지
무슨 감을 저리도 많이 맺었을까
팔이 늘어지다 못해 찢어지도록

십년이고 백년이고 한결같이 씨를 뿌리느라
몸이 패여 까만 속살 드러내고
핏줄엔 눈물이 섞여 먹빛이구나

누가 그토록 어여뻐
아낌없이 주기만 했을까
아직도 어미감나무 밑엔
아기감나무는 한 그루도 없는데

가시버시 사랑

내가 하품을 하면
아내도 거의 동시에 하품을 한다
가끔 텔레파시가 통했을 때
깜짝 놀라서 마주보며 신기해한다
내가 화장실에 들어가자마자
갑자기 자기가 더 바쁘니
빨리 나오라고 야단야단이다
산나물 캐러 가서
잠시라도 곁에 보이지 않으면 어디 있냐고 불러댄다
평소에는 지극히 이성적이다가도
여자문제만은 야성적이다 못해 야만적이다
유치하고 치사한 일로 지지고 볶다가도
정작 큰일이 닥치면 힘을 합친다
서재에서 독서삼매에 들면
언제 가져다 놓았는지 차 한 잔
내가 좋아하는 TV프로가 나오면
어서 와 보라고 부른다
무리 속에서 외롭고
당신 속에서 풍요롭다
이심전심 부창부수 함께 또 함께
천지간에
당신 없으니 나뿐이고
나 없으니 당신뿐이다
꽃잎 단풍잎을 쌓은 수많은 사연

딱 한 송이
딱 한 마리

봄꽃이 모두 떠나버린
짙푸른 유월 풀숲에

백합
딱 한 송이
나를 기다리고 있었네, 나를

어쩔거나
청정무구 지고지순 가녀린 네가
소도둑 같은 나를
이토록 기다렸다니

엎드려 향기에 다가가
코를 들이대다
코에 꽃가루가 묻어

딱 한 마리
흰나비로 수정되었네.

김제평야

비좁은 국토, 그나마 70%가 산
세계 최고수준의 인구밀도
50%도 안 되는 식량자급률

산업화, 도시화란 미명하에
많은 들과 평야가
야금야금 갉아 먹혔다
김제평야,
가로질러 달리는 차창으로
국내 유일의 지평선이 보인다.

뻥 뚫리는 가슴
순결한 여인처럼 벌레 먹지 않은 땅
꼭 안아주고 싶다

벽골제의 근원이여
흘러라
영원하라

햇볕은 양껏 내리고
푸른 바람은 거침없이 불어
황금물결 더덩실 춤을 추어라

죽느냐 사느냐

장대비가 고층아파트 유리창을 며칠째 두드린다.
빗물에 먼지가 씻기고 씻겨
너무 투명하여 위태로운 영혼 하나
창밖을 보니 어지럽다
몸뚱아리에 날개가 없음을 깜박깜박 잊다가
무의식중에 한숨이 새고 들숨이 치킨다.
하루하루 급격히 늙어가는 자신의 테두리에
추억이 갇혔다 하나 둘 풀린다.
어릴 적 생자필멸의 이치를 까마득히 모르다가
죽음은
멀리서 모르는 사람부터 서서히 서서히 다가오더니
할아버지 할머니 아버지 어머니 형
급기야 친구
심지어 후배까지도 ……,
이젠 나의 차례는 예약한 지 오래
그동안 얼마나 많은 인연들이 가고 말았던가!
오오,
하늘에 가득한 영혼이여!
땅에 흩어진 육신이여!
우리가 어찌 저 하늘을 우러르지 않고
이 땅에 허리 굽혀 꽃피우지 않으리오
고통과 상실, 실의에 찌든 삶
죽느냐 사느냐
비오는 날 위태로운 영혼에 흑백논리가 젖는다.

죽도록 아름다워라

화려한 봄꽃도 바람 불었고
푸르던 심장도 가파롭다
사랑도 미움도
기쁨도 슬픔도
변치 않는 게 어디 있으랴
구절초 향기를 뿜고
청미래가 익어가는 가을 산길
터벅터벅
마음을 던지는 발지국소리
저기 저 부서진 종
입이 없어도 소릴 질렀고
저기 저 찢어진 깃발
귀가 없어도 펄럭거렸네.
지난여름
긴긴 열정이 피로파괴로 멈추고
아리고 슬픈 사연들이
계곡의 여울에 흩어졌어도
죽도록 아름다워라
자연이여
아네스여
이별이여
그대 하얀 웃음에
빨간 브로치를 달아드리리

청미래

파란 낙엽

그녀에게 자식이래야 하나 딸
갓 넘긴 서른

빛나는 눈동자
고운 살결
"엄마" 부르는 다정한 목소리

평소 죽고 싶다는 말은
살고 싶은 처절한 몸부림

이상과 현실의 간극에서
무던히도 애를 끓였었지

설마 했던 네가 네 스스로
가장 뜨거운 마음으로
가장 차가운 결말을 내리고 말 줄이야

아아!!
파란 낙엽
파란 낙엽
너의 피는 파란색이었더냐

이왕에 갈 것인데
단풍낙엽으로 가지 그랬어

스르르 감은 눈
창백한 얼굴
싸늘한 체온
평온하기도 하여라.

차라리 나무토막이라면
꺾꽂이라도 해 보련만은
진아, 진아 은진아, 아아!!
너는 죽어서 죽지마는
네 엄마는 살아서 죽는다

사랑한단 말
사랑한단 말
가시가 없으면 지키기 힘든 통증
넌 그걸
사랑이라 했더냐
사랑앓이라 했더냐

사진 속 하얀 미소에
엄마는
네 홀어미는
날마다 조화를 화병에 꽂는다.

떼떼아떼

네 이름 미처 알지 못한 사람이라도
작고 가냘픈 네 모습만 봐도
선하고 천사 같은 그 이름 알 거야

수선화야
떼떼아떼
너와 눈 맞추려니
무릎을 꿇어야하는구나

명자도 개나리도 앵두 아래 소곤대고
벚꽃과 목련은 높이 흐드러졌는데
네 모습은 작은 풀포기
아름다운 이상은 별을 꿈꾸는데
현실은 취객들의 발길이 날아들까
가슴 조리며, 조리며
기도처럼 살다가
나르키소스처럼
너를 가장 사랑하는 길을 택하였구나

수선화야
떼떼아떼

네 엄마가 아무리 아프지만
네 아픔만 했겠는가
네 아빠가 찾아오는 뒤뜰 응달의 봄
네 아빠를 만나 보았느냐
찬란한 봄날의 낙화
사랑도 미움도 슬픔도 기쁨도
모두 버리고
꽃다운 나이에 꽃으로, 예쁜 꽃으로
영원히 늙지 않는 딸로
한 마디 말도 없이 가버렸구나

고운 영혼, 쬐그만 가슴 쓸어안고서
할미꽃 사연으로 울부짖는 이 노래

수선화야
떼떼아떼

"유리알 같아
객지로 떠도는 게 늘 불안했는데
사진틀에 넣어 내 곁에 두니
차라리 내 마음 안심이구나."

* 떼떼아떼 : 작은 노랑 수선화

봄 꽃 회한

봄은 담벼락 양지 녘 꽃으로 왔다가
바람뻰지 언덕의 초록으로 가더라

올까말까 애태운다지만
세세생생 어김없이 약속을 지켰으니
이 겨울이 아무리 추워도
기다림은 단발머리 소녀의 설레임이라

짧은 기간
개화 낙화
기쁨과 슬픔의 삶을 가르치고
연두 초록 녹음으로 성숙하는 자연

사랑도 가고
사람도 가고
가고는 안 오는데

개나리 진달래 복사꽃아
네 모습 네 체취 작년 봄과 같건만
네 이름 불러 또 불러 대답 없어라

이보다 더 좋은 일이

배낭에 자작시집 서너 권 챙겨 넣고선
발길 닿는 대로 길 떠난다.

들을 지나 기슭의 마을에서
낯선 사람들을 만나 세상얘기 나누다가
시집을 건네고 산을 오르니
봄꽃들이 여기 저기 방긋방긋

어제 대지를 적신 봄비를
오늘 태양이 안개로 피워 올리니
온 누리가 열기로 희뿌옇다

지천명의 나이를 넘어
비록 높은 벼슬은 아니지만 미련 없이 버리고
가고 싶은 데 가고
머물고 싶은 데 머물러
막걸리사발에 질펀한 웃음을 담다가

때로는 텃밭에서 남새를 가꾸고
된장국에 김치 하나로 배를 불리고
명상에 잠겼다가
시를 지어 깊고 미묘한 향기 날리니
이보다 더 좋은 일이
왕후장상王侯將相이 어찌 부러우랴!

하나

나 아닌 것이 없으면 나도 없을 것이므로
나 아닌 것으로부터 내가 있고
내가 곧 나 아닌 것이며
내가 너고
네가 나인 것
나와 너는 둘이 아닌 하나입니다

수많은 별, 그 별의 수를 분모로 하듯
우리는 그 중 하나의 분자로 태어났으며
그 확률은 가히 불가사의한 것일 테죠

십 백 천 만 억 조 경 해, 무량대수도
결국 하나가 나누어진 것일 뿐

고대광실의 주인들아
천하의 영웅호걸 절세가인이여 하나같이 말하라
진시황은 어디 있으며
양귀비는 어찌 되었고
돈병철은 어디 갔는가!

나는야 안빈낙도에 펜 하나를 곧추세운
가난한 시인

목이 쉬었지만
막걸리 한 사발이면 술술 나오는
내 노래의 18번은 하나, 바로 그대입니다

공시생 소고 小考

심각한 청년실업률시대의 우리나라
몰려드는 공무원 수험생
그 중 서른여섯 살 내 딸내미
경쟁률 어마어마 160 : 1
낙타가 바늘구멍을 통과하고
하늘의 별을 딸 것인가?
천신만고 끝에 필기시험에 합격
가당찮다
159명은 언제 뜻을 이룰까
면접을 끝내고
최종결과를 확인하는 날
시각, 오전 9시 정각
60초 전 카운트다운 시작
마치 올림픽에서 쇼트트랙선수가
이 선수 저 선수와 부대끼며
치열한 자리다툼 끝에 1위로 골인해놓고
"금메달이냐 실격이냐"
전광판을 바라보는 심정
휴대폰을 바라보는 눈에 현기증
피가 끓고
심장이 쿵쾅쿵쾅
숨이 멎었다 쉬었다
초침소리만 들리더니

9시 정각을 몇 초 넘겨
고요가 흐르고 희비가 교차하다가
드디어
“따르릉”
아버지에 이어 딸까지……,
가문의 영광?
멸시 괄세 체면 우울 슬픔……,
트라우마를 녹이고
유머에 재치를 곁들여
죽은 기氣를 살려내는 딸의 살풀이
주체하지 못하는 기쁨의 세리머니
아무리 되풀이해도 지나치지가 않다
시기와 질투가 많은 이 세상
친親 인姻 객客
농도가 다른 축하가 적나라하다
먼먼 옛날 청년은 같은 한 소식에
외양간두엄을 치다가
쇠스랑을 어디까지 던져버리고
어머니와 부둥켜 벌인 세리머니가 감개무량하다
채용비리가 판을 치는 세상
가죽빽도 돈도 학연 혈연
지연도 없어 오직 실력으로
당당히 공무원이 되었으니

어여쁘고 장한 내 딸아
부디 상위1%의 자존을 간직한 채
약자의 편에서 겸손과 친절로
백성의 공복이 되기를 소망해본다

봄 노랑 염문

노랑노랑 딸기꽃이
조그만 뱀딸기꽃이
노랑노랑 미나리아재비꽃에게

우리는
조그만 노랑노랑
꼭 닮았다고 하네

미나리아재비는 물었네
그래서 어쨌다는 거야

뱀딸기꽃은 서둘러 꽃을 떨구고
꽃자리에
검붉은 딸기를 맺고선

두 갈래의 경계
새빨간 혀를 날름거리다가

봄을 손사래치고
여름을 휘감으며
짙푸른 흥분의 도가니 속으로
깊숙이 숨어들었네

뱀딸기

감사합니다

어떤 사람이 말했다
감사하다고
또 감사하다고
또 또 감사하다고
그러기를 헤일 수 없이 많이 하다가
어느 날
하루아침에 입단다

지금 또
누군가가 말하고 있다
감사하다고
감사하다고
감사하다고 ………,

감사를 하고
감사를 받는 것이
말이든
글이든
또는 물질이든
이 순간으로 끝나야 할 일이거늘

감사하다는 말이
지겨워지다가
역겨워지다가
이제는 무서워진다

슬퍼서 아름다워라

녹음이 우거진 야산 속
여기저기 무덤
연고가 이어지는 묘엔
황토빛 속살,
파아란 잔디가 돋고
으스스,
곡소리 여운
해마다 조화가 놓이다가
아들 발길 지나가고
손자 발길 지나가고
뜨거운 눈물 차가운 빗돌에 식어
허물어진 봉분 위엔
고사리, 엉겅퀴 꿀풀이 해를 먹고
제 마음대로 피고지고
무성한 나무는 피와 살
가지 사이로 별이 뜨면
소쩍새소리 더불어
그 흔적
자연으로 돌아가네
사랑이여
이별이여
아, 슬퍼서 아름다워라

비밀

다른 사람에게 말하면 절대 안 돼
이건 비밀이야
너만 알고 있어

나에게서 너에게로
너에게서 너에게로
너에게서 나에게로……,

나는 기하급수적으로 늘어나니
나 자신이 알고 있는 한
비밀은 더 이상 비밀이 아니다

무덤까지 가지고 간다고?
비밀은
피라미드꼭대기에 붙은 마이크다

질투

강물은 자작나무 뿌리 깊이
촉촉이 젖어 화촉을 밝혔고
심지는 쉼없이 샘을 길었다
샘은 깊고 뿌리는 마르는 일 없었다
어느 파도치는 날
갱물에 씨앗이 트니
베개송사가 유증기로 폭발,
이성은 시샘으로 가려지고
야수의 미음이다
공든 탑도 일순간 무너지고
무지개가 까맣다가 눈에 뵈는 게 없다
눈꼬리에서 돌직구가 사납다
증오가 끓어 넘쳐
사랑했던 것보다 더 밉다
소를 잃고도
결코
외양간을 고치는 일 없다
거울을 보고 그 거울을 박살낸다
그러다가도
가끔은 눈물 속에 숨다가
손거울에 얼굴을 꼬집는다

고향 길 소묘 素描

달포가량 감기를 앓다가 오늘 사월 초하루
홀로계신 고향의 구순 어머니를 뵈러 가는 길
마을초입 가로수 벚꽃은 흐드러졌는데
어릴 적 당산의 크고 많던 고목은
동네의 외숙과 이모부, 여러 어르신들처럼
세월의 무게에 차례로 쓰러져 휼빈하다
어머니께 드리려고
족발 12,000 가자미 12,000 쪽파 5,000
담치 5,000 오징어젓갈 5,000 메가리젓갈 5,000
빵 5,000 곤달비장아찌 3000원어치를 샀다
집에 들어서니 민들레가 방긋방긋
마당의 텃밭에는 파 마늘 무가 자라고
한사코 마다하시다가
구순이 넘어서야 지팡이를 짚은 어머니와
익숙한 이야기를 도란도란
그런데 몇 해 전부터 급격히 몸이 쇠하고
근래에는 정신마저 조금 이상하시다
여태껏 많은 만남과 이별이 있었지만
차마당까지 나오셔서 바라보시는
어머니를 두고 떠나는 발길은 늘 무겁다
어머니가 계셔 고향이지
어머니 안 계시는 고향이 어찌 고향이랴
여린 마음에 어리비치는 어머니 내 고향

내 나이 벌써 66세
16세에 고향을 떠났으니 아, 몇 년째던가
그리고 언제까지 이 호사롭고 슬픈 역사가
쓰여질 것인가
달리는 차창으로 벚꽃이파리가 흩날린다

맏형님 일덕 一德

산골에서 해방둥이로 태어나 지난한 가정형편으로 제대로 된 학교교육을 받지 못해서 뼈저리게 등짐을 지고 가시덤불산답을 손발이 부르트도록 개간하였으나 손바닥만 한 수확에 늘 배고파서 도시로 나갔는데 번듯한 직장은커녕 기계 밑에서 로봇처럼 단순반복의 일을 한 달에 거의 쉴 새 없이 일을 해도 월급은 입에 풀칠하기도 어려운 실정이었다.

하는 수 없이 공장을 때려치우고 장사를 시작했는데 자본이 없어 리어카 한 대를 사서 그 위에 과자나 과일 같은 걸 싣고 팔았다

원래태생이 여리고 비위가 약한지라 혹여 고향의 아는 사람이라도 만나면 얼른 모자로 얼굴을 가렸다

그렇게 출발한 장사가 우여곡절을 겪으면서 타고난 성실과 신뢰로 지금은 자수성가하는 창대함을 보여주었다

집안의 맏이로서 모든 일에 솔선수범하고 이름처럼 하나의 덕을 쌓으니 가정은 물론 일가친척과 이웃에서도 칭찬이 자자하다

그러나 남모르는 아픔이 있었으니 바로 학문에 관한 아킬레스였는데 에고를 깨고 머리와 가슴 사이에서 치열하게 고민하다가 일대사 인연으로 붓다의 가르침에 귀의하여 그 신심이 지극하사

신수의 돈오점수를 읽고 혜능의 돈오돈수를 참선, 일념정진을 하니 알음알이를 넘어 교외별전으로 은산철벽을 뚫고 수미산이 무너져 내리는 경계를 향하니 "천고에 날지 못하는 학이 될 지언정 삼춘에 말 잘하는 앵무새는 되지 않겠다."라는 선승의 가르침에 행行으로서 실천하는 모습을 보았습니다.

그동안 저는 담배씨만 한 지식으로 범상찮은 대형大兄을 기만하였으니 부디 형님께서 못난 동생을 용서하옵시고 건강을 돌보시어 백세를 넘어 한소식 사자후를 토하시고 낡은 옷을 새옷으로 갈아입으시길 합장합니다.

치자꽃 앞에서

해마다 추석이 되면
노랗게 물들인 고구마 찌짐을 부치시던 어머니
눈시울을 적시는 꽃

풋풋한 시절 꽃 이름도 모르고
울타리에 흐드러진 꽃향기에 이끌려
순정을 보였던 소녀가 돌무지가 되었을 때

그 무덤 앞에
하루 반짝 바람개비가 되어
피가 거꾸로 돌던 꽃

타향살이 수십 년
화려하지는 않지만
두꺼워진 감성이 예리한 칼날에 베여
노스탤지어에 걸린 꽃

첫사랑의 흑백사진이
새하얗게 되살아나
아내의 주름진 볼을
다림질하고 가는 꽃

쑥대밭에서

엊그제 내린 봄비
하늘은 창창
대지는 청청
개울은 졸졸

소담스런 수선화
흐드러진 청매홍매
가지가지 산수유

그 누가 가꾸다 버렸을까
조그만 밭뙈기
묵정밭은 쑥대밭

말라버린 쑥대
북데기를 헤집고
쏘옥 쑥
눈을 내미는 쑥

살림살이
가지런, 가지런히
가꾸어온 아낙
쑥대밭에 퍼질러
쑥 캐느라 삼매경
그래 그래 그렇게 살자구나

누나야

누나야 누나야 두 살 많은 누나야
어릴 적 머스마꼭다리라고
누나에게 싸워서 이기려는 동생을
자갈마당 채송화는 웃었고
대문간 맨드라미는 누가 누가 이기나 손뼉치고
봉숭아는 장독 뒤에 숨어 울었지
그러다 금세 친구가 되어 소꿉놀이,
누나는 엄마 되어 밥 짓고
나는 쌀 팔고 나무하고……,
그러나 그건 잠깐의 날들이었지
지난至難한 우리 집안 살림살이에
누나는 꽃이 채 피기도 전
멀리 낯선 곳
모르는 집 모르는 사람에게 쫓겨가다시피
시집을 가게 되었고
나는 고향 떠난 객지의 외톨이 소년
누나야 누나야 한 많은 누나야
시집살이는 소꿉놀이가 아니었지
이젠 길가의 민들레가 생각나
홀씨처럼 날아버리지 않고 뿌리를 내린 모습
한편으론 자랑스럽지만
또 한편으론 안타깝기 짝이 없어
누나야 누나야 억척같은 누나야

각자 다른 길을 걸어 반백이 되어버린 우리
내 마음속 누나는 동백꽃 같았고
나는 링거를 꽂은 월계수였을까
누나야 누나야 멋쟁이 누나야
우린 연민의 정이 깊은 남매였지
평생소원이었던 멋진 집을 짓고
인생 2막을 여는 누님
옛날 군민 콩쿠르를 휘저은 노래솜씨에
난 목이 쉬었지만 목이 터져라 따라 부를게

불효

시골에는 구순 어머니가 홀로 계시고
도시에 사는 나의 집 거실엔
어머니 미수연 사진이 걸려있는데
언제나 나를 그윽이 보고 계신다
그런데 어느 때부터인가
내가 어머니 사진을 보기 시작했다
힐끔힐끔
어머니는 거동이 불편하시고
얼굴 여기저기 저승꽃이 피었지만
눈빛은 초롱초롱하신데
나는 점점 사팔뜨기가 되어가고 있다
칠순을 바라보는 내가
어머니가 그릇을 그륵이라 한다고
가르쳐서 고칠 것인가
기어이 이겨먹어야 할 것인가
나는야
겉똑똑이 속 축구, 샌님 같은 놈
평생 입으신 옷 중
가장 비싸고 고운 천의 수의를
무명보자기에 싸서
장롱 속 고이 넣어두신 어머니
밤새 날개옷이 될지도 모를 어머니를

세상 살아보니

새신처럼 뛰던 일도
길길이 날뛰던 일도
대성통곡하던 일도
솜사탕 휘감던 일도

다
지나가고
지나가고

남은 건
지금 이 순간뿐이다

내일이 있다고?

그 또한 그러할 것
무엇을 잡으려는가
무엇을 찾으려는가

아서라.
북망산 꼭대기에서
옛날을 부를지어다.

단도직입 單刀直入

전지전능이란 이름이여
어리석은 질문인지
쓸데없는 질문인지
불경스런 질문인지
대답 없을 질문인지 모르겠지만
통곡하며 묻고 싶다

인간을 창조하고
선악과는 왜 열리게 하였는지
그리하여
한 광인으로 하여금
그것도 그의 백성
6명도 아니요
60명
600명
6,000명
60,000명
600,000명도 아니고
6,000,000명을 학살케 하다니
이것이 그의 뜻일까?

그 중 한 사람
아, 가엾은 안네여

인류최대의 아름다운 슬픔이여

주여, 주여! 부르는가.
짜라투스트라여
신은 죽었다고?
아니
본래 없었으니
죽었을 리가 있겠는가?

산딸기

어느 님의 무덤일까
나란히 누운 쌍분 가
산딸기꽃 피더니
꽃자리에 금세
산딸기 하도 맺었네

새콤달콤 산딸기
하나씩 따먹다가
한 움큼
아내에게 건네니
아내는 내게 자꾸자꾸

입속에서 찧으니
침샘폭발
걸쭉한 반죽
위속으로 마구마구

아득한 옛날
수풀 가시밭 땅을
개간하고 등짐 질 때

아버지께서
일 병신

밥 장고리라시더니
잘 먹고도 부실한 나
아직 딱 그짝

해바른 딸기밭
여기 두 분
새콤달콤 사셨을까

아리랑

아리 아리랑 아리랑 고개는
비탈 돌 틈 사이
진달래 피는 고개
할버지 이별고개
할머니 보릿고개
아버지 걱정고개
어머니 눈물고개

아리랑 노래는 정과 한
혼을 부르는 이름
죽음 앞의 평온이며
무덤 앞 침묵의 기도
슬퍼서 더욱 아름다운 노래

밟히고 채이면서도
힘을 하나로 묶어주는
폐허 속에 피는 꽃
민초의 노래
겨레의 노래
영원불멸의 노래

정답이 없는 질문에
해답을 주는 희망의 노래

정성

어머니생신날이 가까워온다
무슨 선물을 어떻게 할까
이번에는
액수가 얼마든 간에
은행가서 빳빳한 돈을 찾아
고운 봉투에 넣어
재킷 왼쪽 가슴주머니에
따끈따끈
며칠이고 간직하고 있다가
그날 찾아뵈옵고
꼬까옷 까불거리며 드리리

승부 勝負를 보며

만국기 펄럭이고 애드벌룬 두둥실
북소리 둥둥둥
청군 이겨라 백군 이겨라

어려서부터 죽을 때까지
승리를 위하여
목숨까지도 걸어야하는 걸까

알프스를 넘는 나폴레옹의 기상이여
와신상담 절치부심의 원한이여
승리에 환호하고
패배에 좌절하는 만물
이것이 우주만유의 진리일까

삶의 과정과 궁극의 목적이 평안이기를

승리는 행복이고
패배는 불행인가

승리의 눈물이여
패배의 눈물이여
모두가
뜨거운, 차가운, 눈물, 눈물

설령 좋은 일이라 할지라도
없었던 만 못하다

이기고 짐이 없다면
이 세상
너와 나 우리 모두 평안하리니

천방지축마골피

최뿔따구 강고집
천방지축마골피
상놈?
양반?
어쨌다는 거야?

길 가는 사람
열이면 열
백이면 백
붙잡고 묻지 않고서야
어찌 그의 성씨를 알 수 있겠는가?

설령
어떤 한 사람과
십년을 같이 산대도 그렇지

오천년
얽히고설킨 피
우리는 한겨레
빨주노초파남보
옷을 입은
천방지축마골피

봄맞이 아내

야반삼경에 일어나 서재에 앉아
우주만유를 상량타가
어느새 창밖이 훤한 걸 보니
봄이 아침을 빨리 데려왔네

태양의 빛살이 각도를 좁히며
대지를 두드리니
겨우내 움츠렸던 뭇 생명들이
깜짝 놀라 기지개를 켜내

늙은 아내와 봄맞이 간다
아내는 몇 발짝 앞서 달아나고
나는 붙잡으려 숨차다
늙었어도 여자는 봄바람

내일은 삼류백화점에라도 가서
뿔테안경의 초점을 맞추고
연둣빛 치마에
주름진 립스틱이라도 사야겠다

낙화동백

죽었느냐 살았느냐
아직 화색이 돌아
땡추 절
부처님 전 꽃보다
더 피둥피둥한 모습에
일곱 남매
막내 이모부가
춘몽을 꾸는구나

황토카페

황토가루 떨어져 쌓여가는 찻집
인적이래야 하루에 몇몇
뛰는 심장의 아름다운 이 슬픔

음악은 잔잔히 흐느끼고
낮을 밤으로 밝히는 촛불
깊게 패인 까만 심지의 고독
덕지덕지 눌어붙은 미련

오래 전 말라버린 꽃
향기는 눈속의 눈물로 어리는 창밖
회한으로 얼룩진 파노라마

진지하게 성숙하는 삶의 고뇌
벽난로 목탄으로 사위는 긴 밤
찻잔에 전해오는 싸늘한 손

과오와 연민으로 저려오는
충격의 기억은 자아통찰
긴 한숨으로 허물리는 황토카페

떨켜

나무야, 나무야 단풍나무야
한 시절 한 몸으로 살면서
열렬히 사모했던 그를
네가 먼저 떠나라 했더냐
그가 먼저 떠난다 했더냐

보내는 너는
비바람 무서리에 몸부림치고
떠나는 그는
고운 옷으로 단장하였구나

나무야, 나무야 동백나무야
한 시절 한 몸으로 살면서
뜨겁게 사랑했던 그를
네가 먼저가라 재촉했더냐
그가 제멋대로 가버린 것이더냐

보내는 너는
새파란 잎으로 떨고 있고
떠나는 그는
한참을 붉어 서성이구나

잎자리
꽃자리
면도날 번뜩
잡았다 놓은 손이 맨질맨질

가을 길 걸으며

가을야산과 들녘을 헤매다
마주친 소식
가을가슴에 전하노라

미역취 구절초 고들빼기……,

봄꽃은 곱고
가을꽃은 향기로워라

생과 사가 계절에 있고
아름답고 추함이 다르지 않구나.

누구를 위하여
이토록 많은 꽃을 피우고
열매를 맺는 것일까

그러고는 죽어가는 것을……,

가을의 등짝을 해맞이며
꽃과 열매를 몽땅 버린
나목을 아름안고
뜨거운 베개송사를 하노라

아자방 굴뚝 연기

칠불암아자방亞字房 동안거
피안의 길손들이 모여
깜깜한 밤
노를 저어
은하수를 건너는 배

불꽃은 아자방 구들장을 지나
얽히고설킨 실타래를
무락무락 풀어내는 굴뚝

언제 쾌도난마 하여
한소식을
솜사탕으로 피워 올리리까

가는 이여
가는 이여
강 건너 피안으로 가는 이여

나를 들여다보다

바이올린 클래식이 잔잔히 젖어드는데
내 모습을 거울에 비추이며
내가 나를 처음으로 깊이 들여다본다.

과거 현재 미래 시간 장소 입장에 따라
달라지는 건 본질의 내가 아니다
언제나 그랬듯이
이기적 탐진치貪瞋癡가 가득 담겨있다

나 아닌 너가 되어야 하는데
너 아닌 나가 되어있다
너와 내가 하나가 되어야 할 것인데……

책을 읽고 글을 쓰면 무엇해

바른 견해와 이타적 행이 없다면
나는 이미 죽은 것이며
나로 인해 입장에 처해있는 사람모두
지치고 혐오하고 병들게 할 것이다

거울에 낀 때를 닦아내고
사랑과 지혜가 고여 있는 우물에
내 얼굴과 마음의 창을 드리울 일이다

다른 생각

예전에 하던대로 하려고 했을 뿐인데
그는 그것은 실수라고 했다
그것도 큰 실수라고

시간의 행간 속에서
나는 파도의 갯바위라 생각했었고
그는 모래성이었나 보다

갯바위는 긴 시간도 하루 같았고
모래성은 짧은 시간도 영원 같았을까

존재하는 모든 것들이 변한다지만
아름답고 향기로운 것은 변치 않기를

쓸쓸하네요.
아니
씁쓸하네요.

잊으리라
아니
못 잊어

그는 잊을 수 있어도
아름답고 향기로운 것은 잊지 못하리

아름다운 날

꽃 피어 바람 부는 날
휘날리는 마음
향그러운 행복

꿀을 품은 꽃은
향기를 바람에 놓고
뜨거운 가슴은 환희롭다

꽃 피는 발길 따라
웃음꽃 벙글고
하늘과 땅은 다가선다.

오오, 인생이여!
춤추고
노래하자

힘찬 맥박의 표상
절정의 몸짓
나부끼는 저 고동이여

오지 않은 부고장을 보고

나에게는 오지도 않은 부고장이지만
그 부고장을 보고 통곡한다.
너무나도 안타깝고 슬픈 일이다
평생을 약자의 편에서 희생하고
강자에게는 저항하여 피 흘리니
입신양명과 부귀영화는 그저 사치였지
누구나 불완전한 인간이거늘
과보다는 공이 크기도 하였건만
마음여린 그는 자신이 어떠한 허물에 대해서도
스스로 용서치 못하였으니
아아, 고귀한 생명이여
의로운 영혼이여
나는 부끄럽다 한없이 부끄럽다
가슴 따스한 사람들이여
뜨거운 눈물 모여모여 강을 이루고
은하수로 흐를 것이다
목숨과 바꾸는 정의의 잣대
우리나라 국회의원 몇 명이나 될까
죽어서 사는 뜨거운 양심
당신의 뜻은
이 사회의 시퍼런 칼날로 살아
영원히 죽지 않는 경책이 되오리다.

능소화

어느 대가댁 규수의 기다림일까
폭염에 양산도 없이
빨갛게 탄 얼굴
높은 담벼락 너머 긴 모가지 빼고서
누군가를 찾으려는 듯
두리번두리번
붙잡으려는 듯
허우적허우적
벌써 몇 날이나 되었던가!
그러다가
끝끝내
뚝뚝 떨어져 밟혀도
얼굴색 하나 변치 않는 저 지조

무풍한송로 舞風寒松路

높고 넓은 영축산기슭 통도사
무풍한송로
오가는 중생들의 발길엔
솔바람에 솔향이 춤추는데

장삼자락 휘저으며 걷는 스님
해탈의 향기 마시며
"산빛은 문수의 눈이요
물소리는 관음의 귀로다"

찬바람 가르는 죽비소리
천년을 이은 성상
바위마다 새긴 이름 비바람에 흐려지고
세월의 무게에 버거운 소나무
무위의 법을 설하도다.

부도탑浮圖塔 바라보니
흰 구름 한 조각
바람이 몰고

금강계단金剛戒壇 돌아드니
저절로 합장하고
머리를 조아려 지심귀명례

병상 어머니

가난하였지만 청빈이셨고
물질이든
마음이든
남 되도록 사셨으니
아름답고 고귀한 어머니

손바닥만 한 천수답
쩍쩍 갈라진 논바닥
물 들어가는 소리에
더덩실 춤을 추셨고

일찍 떠나버린 아버지
뒤볼 겨를도 없이
올망졸망 팔남매 끼니
손녀까지 요람으로 품으시고
아픈 손가락 묻은 가슴
한숨으로 꺼진 봉분

병마에 팔랑이는 촛불
이승의 길에서
날개가 돋아나고 있구나.

감성 소나타

단풍낙엽 발자국소리 듣는다
달팽이더듬이 같은 이 감성
이 가을 어떻게 앓을까
그대 들리는가
가을이 부르는 이 음색을
해바라기꽃에게
질투의 눈살을 날리고
해파리촉수처럼
물고기의 옆구리를 꿰뚫고 싶다
뻐꾹나리꽃의 노래가
한밤중에 들린다
가을같이 숨찬 가슴
가시장미보다
아기 업은 호박꽃이 이쁘라

달팽이더듬이의 노래

백지만 보면 무언가 쓰고 싶다
여백이 있는 한 페이지의 글
내용 절차 형식에 관계없이
그 자체로 예술품이다

달팽이더듬이의 길
철대반죽의 감성이 칠하는 길
반딧불이가 반짝이는 길
오는 기쁨이 있었으니
가는 슬픔을 어이 마다하랴

길 없는 길을 헤매다
문득 뒤돌아보니
무늬 없는 발자국이 아리랑곡조구나

주인 없는 대리석납골묘엔
버섯이 습하고
자연으로 돌아가는 토묘엔
꽃이 향기로워라

불꽃처럼 살다가
파르스름 한줌 보드라운 가루
바람 부는 날을 맞으리니

어디까지 왔으며
어디까지 갈 건가를 생각마라

무위자연의 이 삶이여
억 광년의 시공이여
상대유한에서 절대무한이로다

최길영 시집
달팽이더듬이의 노래
아리아

초판1쇄 발행 2019년 8월 30일

지은이 최길영
펴낸이 이길안
펴낸곳 세종출판사

주소 부산광역시 중구 흑교로 71번길 12 (보수동2가)
전화 051－463－5898, 253－2213~5
팩스 051－248－4880
전자우편 sjpl@chol.com
출판등록 제02-01-96

ISBN 979-11-5979-300-4 03810

정가 10,000원

이 도서의 국립중앙도서관 출판예정도서목록(CIP)은 서지정보유통지원시스템 홈페이지(http://seoji.nl.go.kr)와 국가자료공동목록시스템(http://www.nl.go.kr/kolisnet)에서 이용하실 수 있습니다. (CIP제어번호: CIP2019032508)